Impressum
Verlag: BABADADA GmbH, Nedderfeld 112 , 22529 Hamburg
Geschäftsführer / Verlagsleitung: Harald Hof
Druck: Books on Demand GmbH, In de Tarpen 42, 22848 Norderstedt

Imprint
Publisher: BABADADA GmbH, Nedderfeld 112 , 22529 Hamburg, Germany
Managing Director / Publishing direction: Harald Hof
Print: Books on Demand GmbH, In de Tarpen 42, 22848 Norderstedt, Germany

школа
escuela

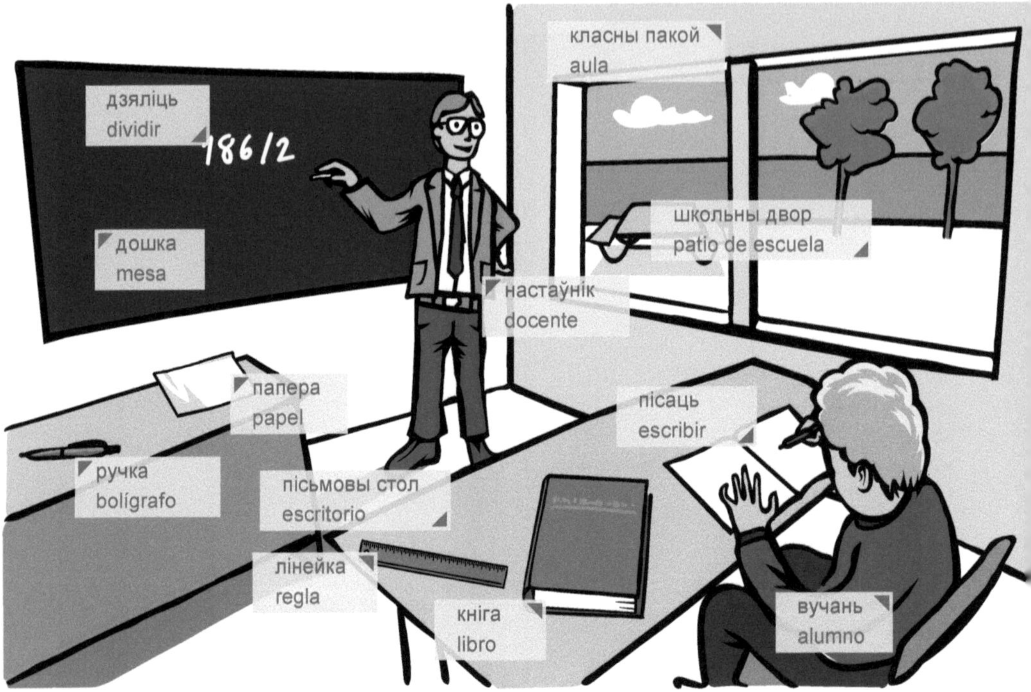
класны пакой
aula
дзяліць
dividir
186/2
дошка
mesa
школьны двор
patio de escuela
настаўнік
docente
папера
papel
пісаць
escribir
ручка
bolígrafo
пісьмовы стол
escritorio
лінейка
regla
кніга
libro
вучань
alumno

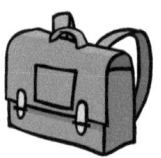

ранец
mochila escolar

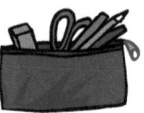

пенал
caja de lápices

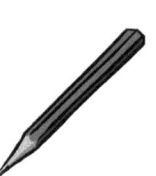

просты аловак
lápiz

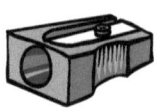

тачылка для алоўкаў
sacapuntas

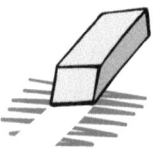

гумка
goma de borrar

альбом для малявання
bloc de dibujo

малюнак

dibujo

пэндзлік

pincel

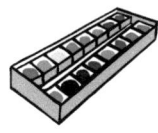

фарбы

caja de pinturas

нажніцы

tijəra

клей

pegamento

сшытак

libro de ejercicios

хатняе заданне

tarea

12

лік

número

2+2

дадаваць

sumar

5-2

адымаць

restar

2×2

множыць

multiplicar

лічыць

calcular

A

літара

letra

ABCDEFG
HIJKLMN
OPQRSTU
VWXYZ

алфавіт

alfabeto

слова

palabra

тэкст

texto

чытаць

leer

крэйда

tiza

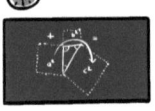

ўрок

lección

класны журнал

libro de clase

экзамен

examen

атэстат

certificado

школьная форма

uniforme escolar

адукацыя

educación

энцыклапедыя

enciclopedia

універсітэт

universidad

мікраскоп

microscopio

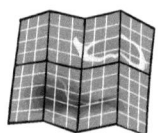

карта

mapa

смеццевы кошык

cesto de papeles

падарожжа

viaje

гатэль
hotel
Grand
хостэл
albergue
ROOMS
абменны пункт
casa de cambio
EXCHANGE
чамадан
maleta
аўтамабіль
auto

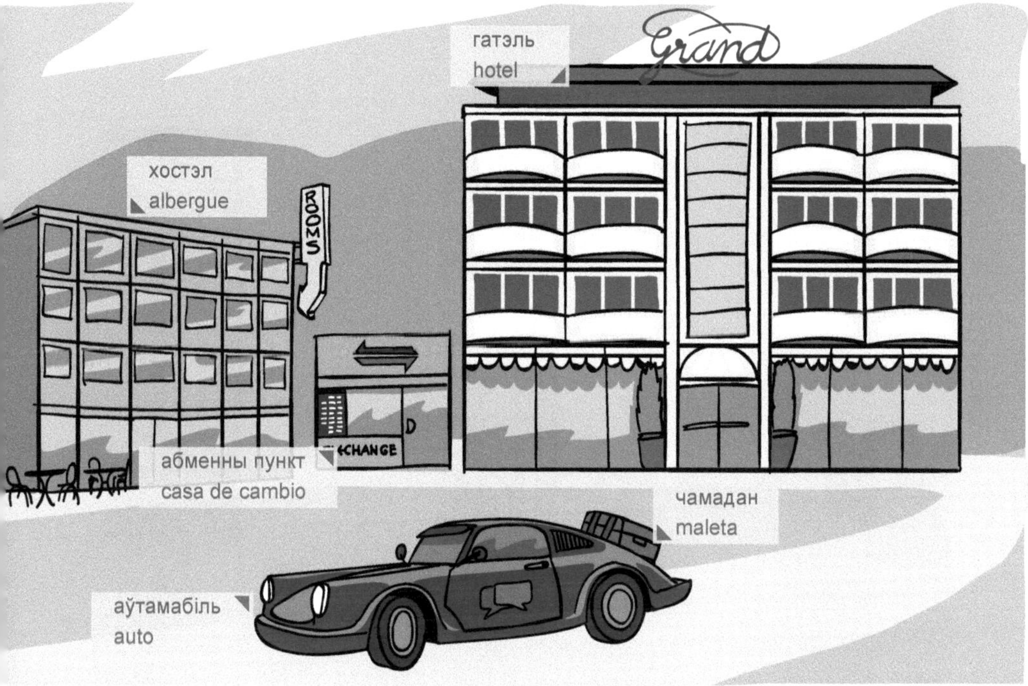

мова

idioma

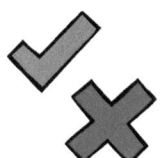

так / не

sí / no

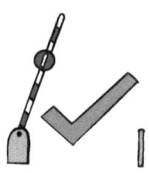

добра

ok

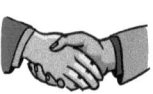

прывітанне!

hola

перакладчык

intérprete

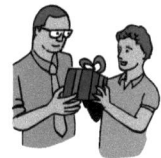

дзякуй

gracias

Колькі каштуе....?

¿Cuánto cuesta...?

я не разумею

No entiendo

праблема

problema

Добры вечар!

¡Buenas tardes!

Добрай раніцы!

¡Buenos días!

Дабранач!

¡Buenas noches!

да пабачэння

adiós

кірунак

dirección

багаж

equipaje

сумка

bolso

заплечнік

mochila

госць

invitado

пакой

cuarto

спальны мяшок

saco de dormir

палатка

tienda de campaña

інфармацыя для турыстаў

información al turista

пляж

playa

крэдытная картка

tarjeta de crédito

снеданне

desayuno

абед

almuerzo

вячэра

cena

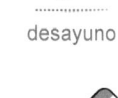

праязны білет

pasaje

ліфт

ascensor

паштовая марка

sello

мяжа

límite

мытня

aduana

пасольства

embajada

віза

visa

пашпарт

pasaporte

транспарт
transporte

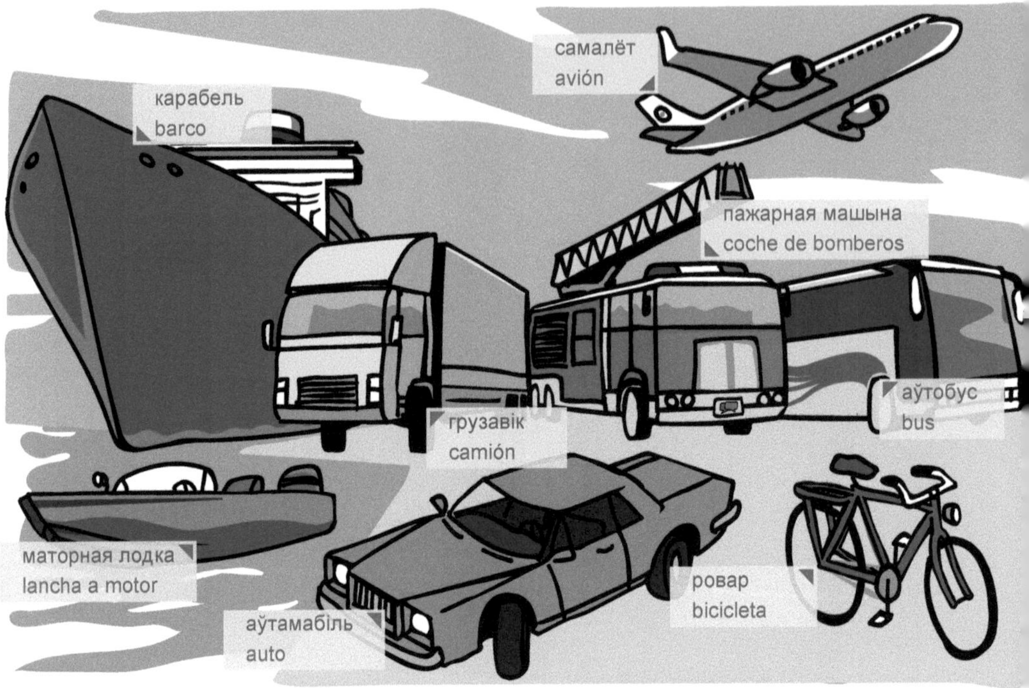
самалёт
avión
карабель
barco
пажарная машына
coche de bomberos
аўтобус
bus
грузавік
camión
маторная лодка
lancha a motor
ровар
bicicleta
аўтамабіль
auto

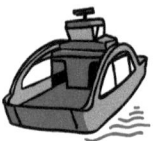

паром
balsa

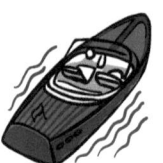

лодка
lancha

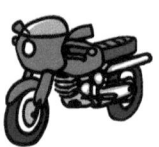

матацыкл
motocicleta

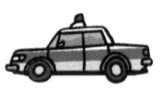

паліцэйская машына
auto de policía

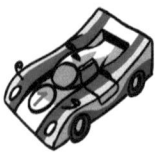

гоначны аўтамабіль
auto de carreras

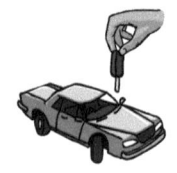

арэндаваны аўтамабіль
auto de alquiler

сумеснае карыстанне
аўтамабілем

alquiler de autos

эвакуатар

grúa

смеццявоз

vehículo recolector de
basura

матор

motor

паліва

gasolina

запраўка

gasolinera

дарожны знак

señal de tráfico

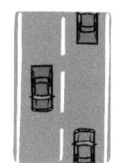

дарожны рух

tránsito

затор

atasco

паркоўка

estacionamiento

чыгуначная станцыя

estación de tren

рэйкі

carril

цягнік

tren

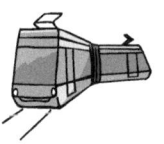

трамвай

tranvía

вагон

vagón

верталёт

helicóptero

аэрапорт

aeropuerto

вежа

torre

пасажыр

pasajero

кантэйнер

contenedor

кардонная скрыня

caja de cartón

тачка

carro

карзіна

cesta

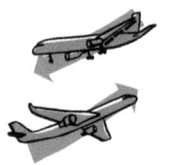

ўзлятаць / прызямляцца

despegar / aterrizar

горад

ciudad

вёска

aldea

цэнтр горада

centro de la ciudad

дом

casa

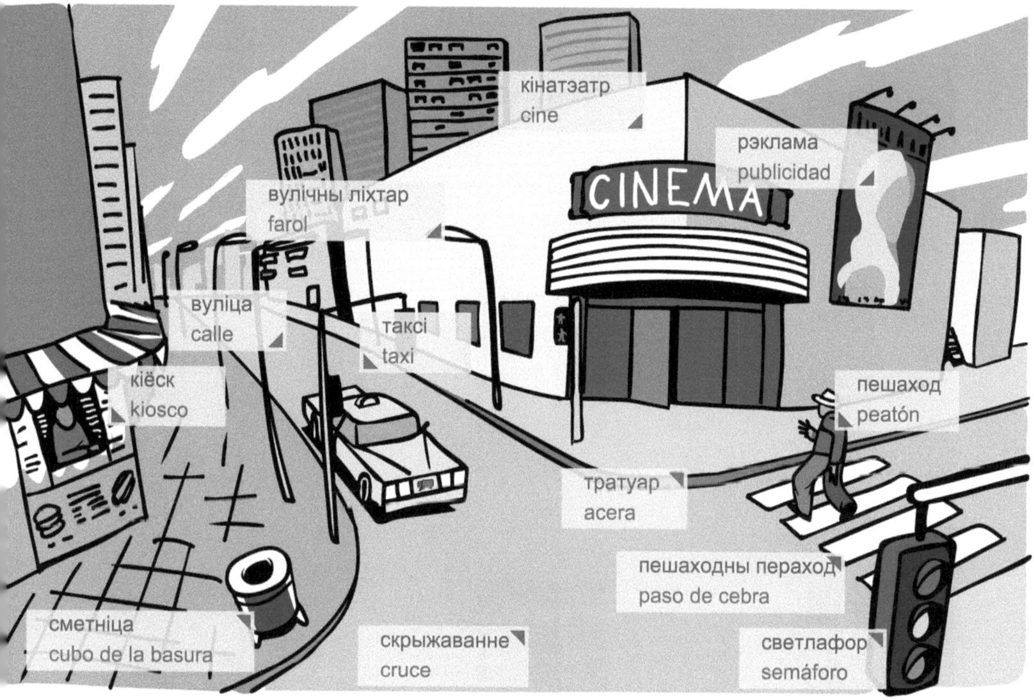

кінатэатр\
cine

рэклама\
publicidad

вулічны ліхтар\
farol

вуліца\
calle

таксі\
taxi

кіёск\
kiosco

пешаход\
peatón

тратуар\
acera

пешаходны пераход\
paso de cebra

сметніца\
cubo de la basura

скрыжаванне\
cruce

светлафор\
semáforo

халупа\
cabaña

кватэра\
apartamento

чыгуначная станцыя\
estación de tren

ратуша\
ayuntamiento

музей\
museo

школа\
escuela

універсітэт

universidad

банк

banco

шпіталь

hospital

гатэль

hotel

аптэка

farmacia

офіс

oficina

кнігарня

librería

крама

negocio

кветкавая крама

florería

супермаркет

supermercado

кірмаш

mercado

універмаг

grandes almacenes

рыбная крама

pescadería

гандлевы цэнтр

centro comercial

порт

puerto

парк

parque

лава

banco

мост

puente

лесвіца

escalera

метро

metro

тунэль

túnel

прыпынак

parada de autobuses

бар

bar

рэстаран

restaurante

паштовая скрыня

buzón de correo

вулічны паказальнік

letrero

паркамат

parquímetro

заапарк

zoológico

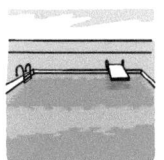

басейн

piscina

мячэць

mezquita

сядзіба

granja

забруджванне
навакольнага асяроддзя

polución

могілкі

cementerio

царква

iglesia

пляцоўка для гульні

parque infantil

храм

templo

краявід

paisaje

ліст
hoja

паказальнік
indicador de camino

дарога
sendero

луг
pradera

камень
piedra

дрэва
árbel

падарожнік
caminante

рака
рío

трава
pasto

кветка
flor

даліна
valle

гара
montaña

возера
lago

лес
bosque

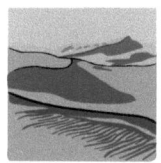

пустыня
desierto

вулкан
volcán

замак
castillo

вясёлка
arco iris

грыб
seta

пальма
palmera

камар
mosquito

муха
mosca

мурашка
hormiga

пчала
abeja

павук
araña

жук

escarabajo

жаба

rana

вавёрка

ardilla

вожык

erizo

заяц

liebre

сава

lechuza

птушка

pájaro

лебедзь

cisne

дзік

jabalí

алень

ciervo

лось

alce

плаціна

embalse

вятрак

aerogenerador

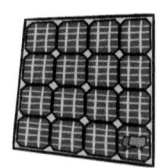

сонечная батарэя

módulo solar

клімат

clima

рэстаран
restaurante

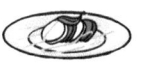

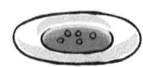

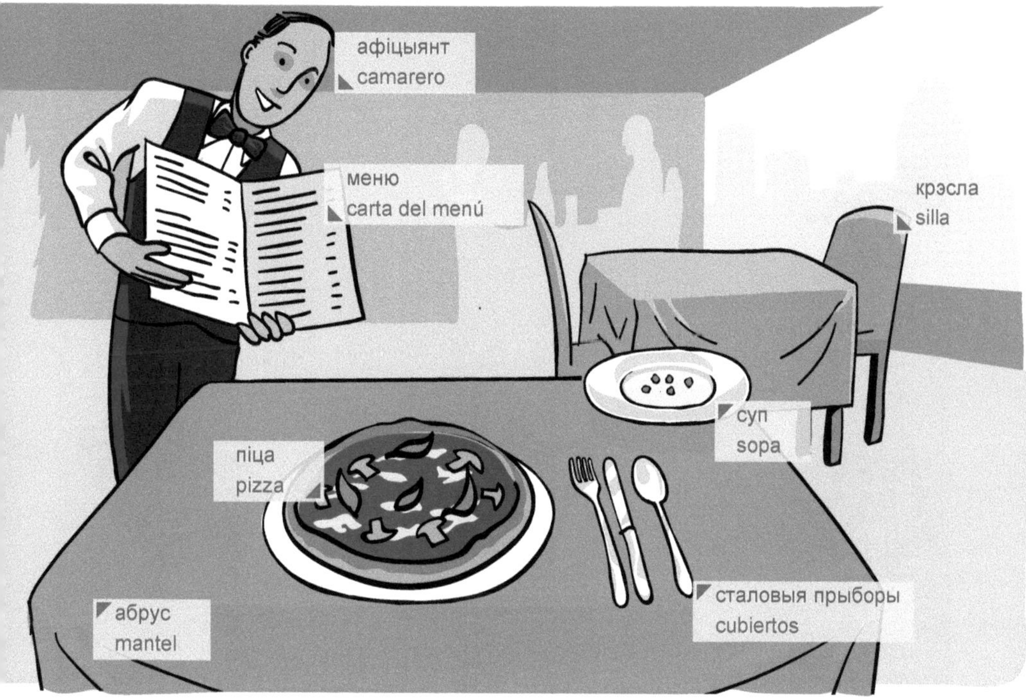
афіцыянт
camarero
меню
carta del menú
крэсла
silla
суп
sopa
піца
pizza
абрус
mantel
сталовыя прыборы
cubiertos

закуска

entrada

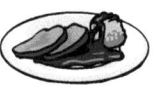

другая страва

plato principal

дэсерт

postre

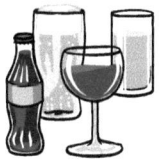

напоі

bebida

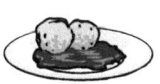

ежа

comida

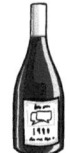

бутэлька

botella

хуткае харчаванне (фаст-фуд)

comida rápida

стрыт-фуд

comida callejera

імбрык (чайнік)

tetera

цукарніца

azucarera

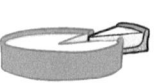

порцыя

porción

эспрэса-машына

máquina de espresso

дзіцячае крэселка

silla alta

рахунак

factura

паднос

bandeja

нож

cuchillo

відэлец

tenedor

лыжка

cuchara

чайная лыжка

cuchara de té

сурвэтка

servilleta

шклянка

vaso

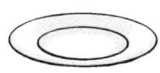

талерка

plato

супавая талерка

plato de sopa

сподак

platillo

соус

salsa

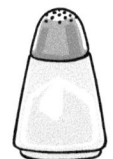

сальніца

salero

млынок для перцу

molinillo para pimienta

воцат

vinagre

алей

aceite

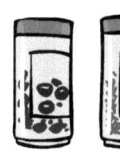

спецыі

especias

кетчуп

ketchup

гарчыца

mostaza

маянэз

mayonesa

супермаркет
supermercado

акцыя
oferta
FOR
пакупнік
cliente
малочныя прадукты
productos lácteos
садавіна
fruta
вазок
carrito de compras

BUTCHERS

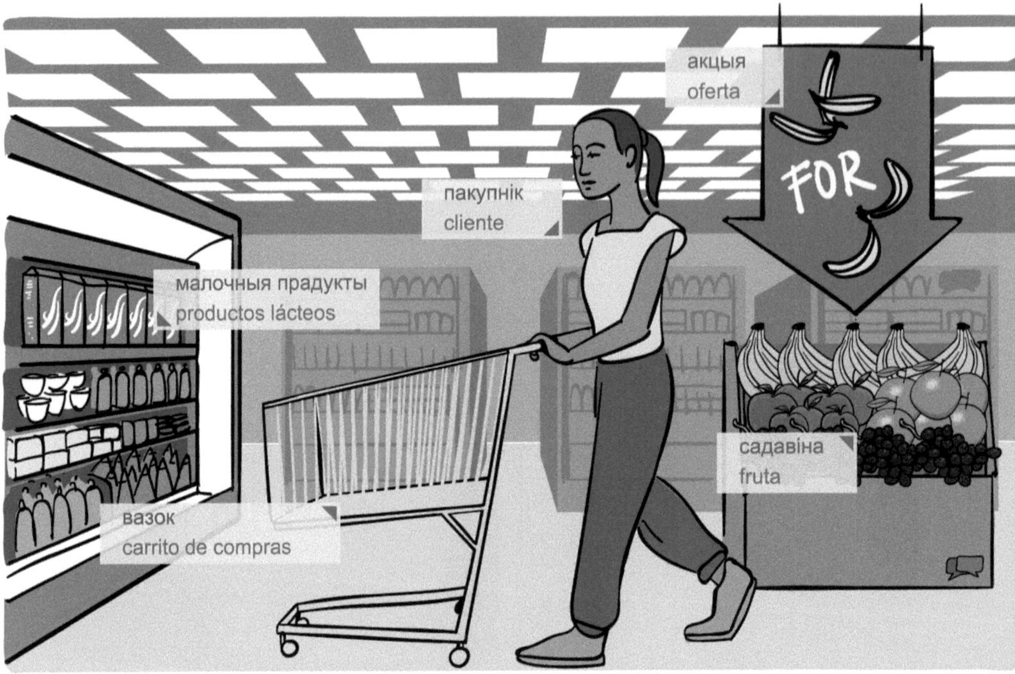

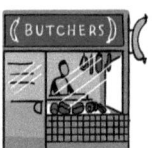

мясная крама

carnicería

BAKERY

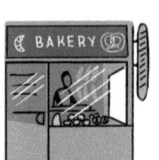

хлебны магазін

panadería

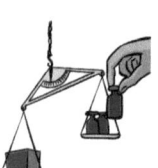

важыць

pesar

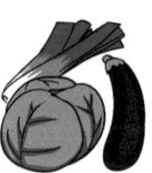

гароднiна

verdura

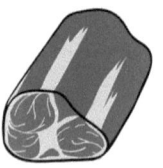

мяса

carne

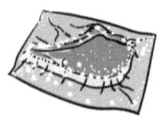

свежазамарожаныя прадукты

alimentos congelados

нарэзка

fiambre

кансервы

conservas

пральны парашок

detergente en polvo

прысмакі

dulces

хатнія прылады

artículos domésticos

чысцячы сродак

productos de limpieza

прадавец

vendedora

каса

caja

касір

cajero

спіс пакупак

lista de compras

гадзіны працы

horario de atención

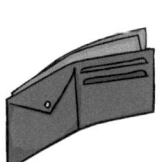

бумажнік

cartera

крэдытная картка

tarjeta de crédito

сумка

maleta

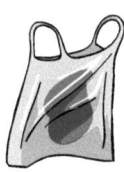

пакет

bolsa plástica

вада

agua

сок

jugo

малако

leche

кола

refresco de cola

віно

vino

піва

cerveza

алкаголь

alcohol

какава

cacao

гарбата (чай)

té

кава

café

эспрэса

espresso

капучына

cappuccino

банан

banana

яблык

manzana

апельсін

naranja

дыня

sandía

лімон

limón

морква

zanahoria

часнок

ajo

бамбук

bambú

цыбуля

cebolla

грыб

seta

арэхі

nueces

локшына

fideos

спагеці

espagueti

рыс

arroz

салата

ensalada

бульба фры

patatas fritas

смажаная бульба

patatas salteadas

піца

pizza

гамбургер

hamburguesa

бутэрброд

sándwich

шніцаль

escalope

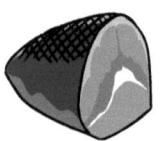

вяндліна

jamón

салямі

salame

каўбаса

embutido

курыца

pollo

смажаніна

asado

рыбак

pescado

аўсяныя камякі

copos de avena

мюслі

musli

кукурузныя шматкі

copos de maíz tostado

мука

harina

круасан

croissant

булачка

panecillo

хлеб

pan

тост

tostada

пячэнне

galletas

масла

mantequilla

тварог

cuajada

пірог

pastel

яйка

huevo

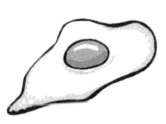

яечня

huevo frito

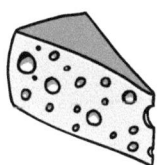

сыр

queso

марожанае

helado

цукар

azúcar

мёд

miel

варэнне

mermelada

нуга

praliné

кары

curry

сядзіба

granja

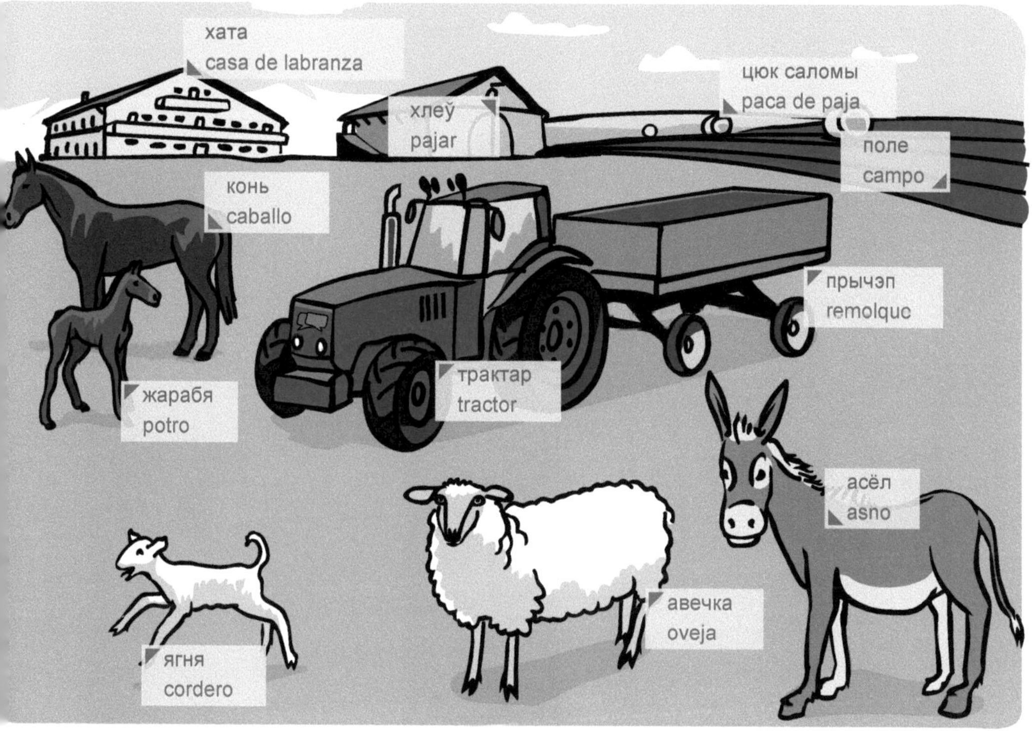
хата
casa de labranza
хлеў
pajar
цюк саломы
paca de paja
поле
campo
конь
caballo
прычэп
remolquc
трактар
tractor
жарабя
potro
асёл
asno
авечка
oveja
ягня
cordero

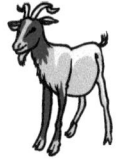

каза

cabra

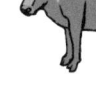

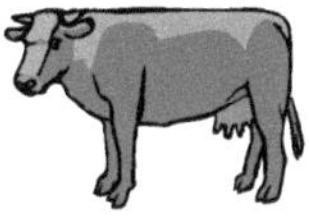

карова

vaca

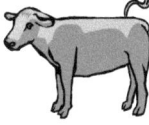

цяля

ternero

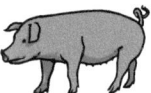

свіння

cerdo

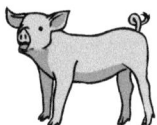

парася

lechón

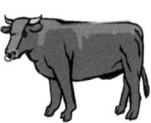

бык

toro

гусак
ganso

качка
pato

кураня
polluelo

курыца
pollo

певень
gallo

пацук
rata

кот
gato

мыш
ratón

вол
buey

сабака
perro

сабачая будка
caseta del perro

садовы шланг
manguera de riego

палівачка
regadera

каса
guadaña

плуг
arado

серп
hoz

матыка
azada

вілы для гною
bieldo

сякера
hacha

тачка
carretilla

карыта
abrevadero

бітон для малака
lechera

мех
saco

плот
cerca

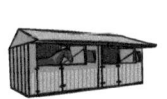

хлеў
establo

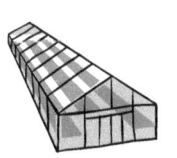

цяпліца
invernadero

глеба
suelo

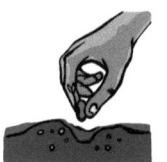

насенне
semilla

угнаенне
fertilizante

камбайн
cosechadora

збіраць ураджай

cosechar

ураджай

cosecha

ямс

raíz de ñame

пшаніца

trigo

соя

soja

бульба

patata

кукуруза

maíz

рапс

colza

садовае дрэва

Árbol frutal

маніёк

mandioca

збожжа

cereales

дом
casa

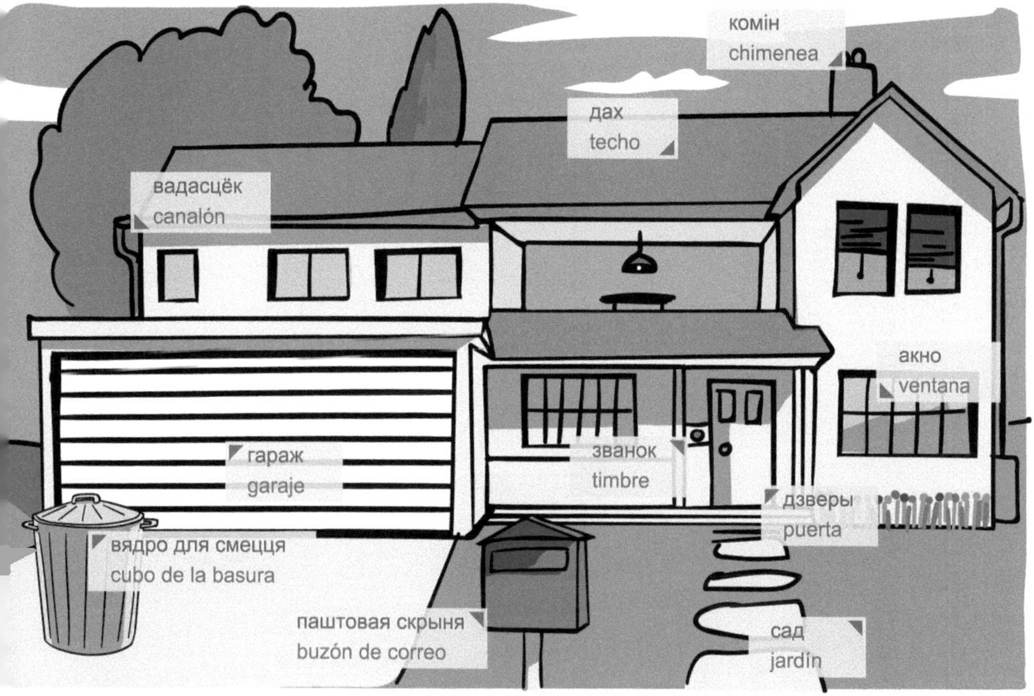

комін
chimenea
дах
techo
вадасцёк
canalón
акно
ventana
гараж
garaje
званок
timbre
дзверы
puerta
вядро для смецця
cubo de la basura
паштовая скрыня
buzón de correo
сад
jardín

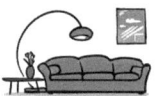

жылы пакой
....
cuarto de estar

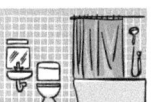

ванная
....
cuarto de baño

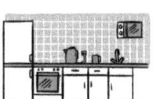

кухня
....
cocina

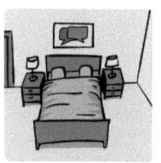

спальны пакой
....
dormitorio

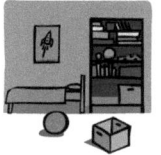

дзіцячы пакой
....
cuarto de los niños

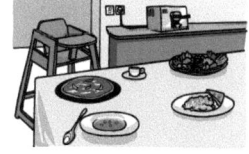

сталоўка
....
comedor

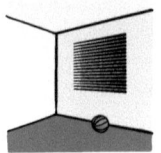

падлога

piso

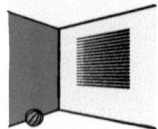

сцяна

pared

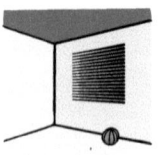

столь

cielorraso

падвал

sótano

саўна

sauna

балкон

balcón

тэраса

terraza

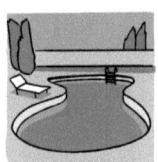

басейн

piscina

касілка

cortacésped

падкоўдранік

funda nórdica

коўдра

edredón

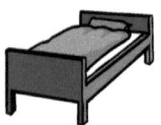

ложак

cama

венік

escoba

вядро

cubo

выключальнік

interruptor

жылы пакой

cuarto de estar

шпалеры
papel para empapelar
малюнак
imagen
лямпа
lámpara
паліца
estante
шафа
gabinete
тэлевізар
televisor
камін
hogar
кветка
flor
падушка
cojín
канапа
sofá
ваза
florero
пульт
control remoto

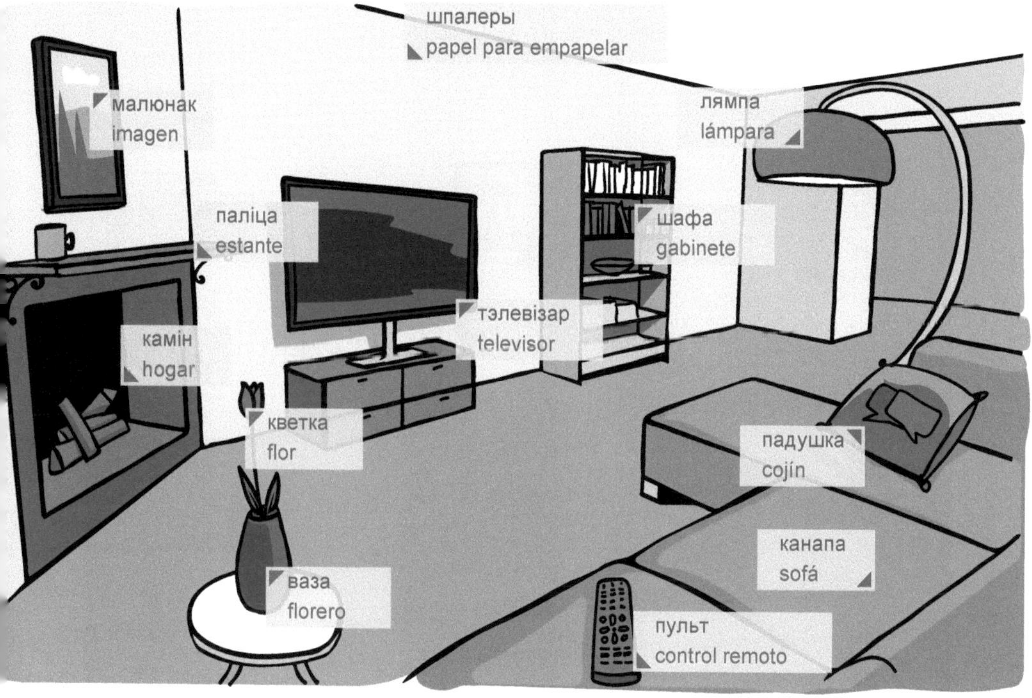

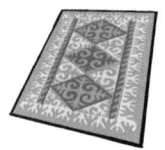

дыван

alfombra

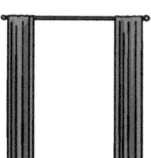

фіранка

cortina

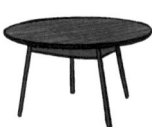

стол

mesa

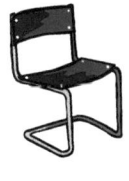

крэсла

silla

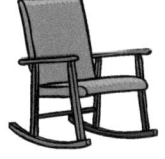

крэсла-качалка

mecedora

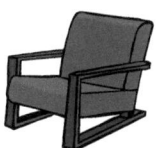

крэсла

sillón

кніга

libro

коўдра

frazada

дэкарацыя

decoración

дровы

leña

кіно

film

стэрэасістэма

equipo estereofónico

ключ

llave

газета

periódico

карціна

cuadro

постар

póster

радыё

radio

нататнік

bloc de notas

пыласос

aspiradora

кактус

cactus

свечка

vela

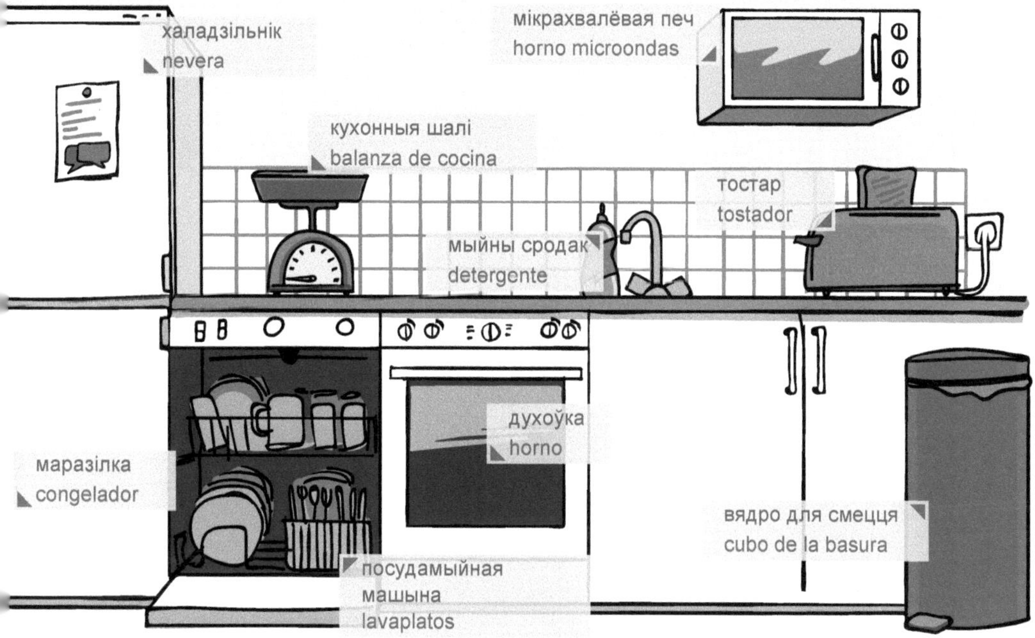

халадзільнік
nevera

мікрахвалёвая печ
horno microondas

кухонныя шалі
balanza de cocina

тостар
tostador

мыйны сродак
detergente

духоўка
horno

маразілка
congelador

вядро для смецця
cubo de la basura

посудамыйная
машына
lavaplatos

пліта

cocina

рондаль

olla

чыгунок

olla de fundición de hierro

Вок / кадаі

wok / kadai

патэльня

sartén

чайнік

hervidor de agua

параварка

olla de vapor

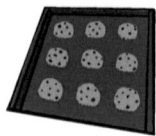

бляха

bandeja de horno

посуд

vajilla

кубак

vaso

міска

bol

палачкі для ежы

palillos para comer

чарпак

cucharón de sopa

лапатачка

espátula

збівалка

batidor

сіта для варэння

colador

сіта

cedazo

тарка

rallador

ступка

mortero

грыль

parrillada

вогнішча

fogata

дошка

tabla de picar

качалка

rodillo

штопар

sacacorchos

бляшанка

lala

адкрывалка

abrelatas

прыхваткі

agarrador

ракавіна

fregadero

шчотка

cepillo

губка

esponja

міксер

batidora

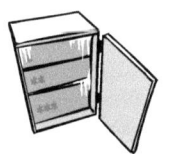

маразільная камера

arcón congelador

бутэлечка

biberón

вадаправодны кран

grifo

ванная

cuarto de baño

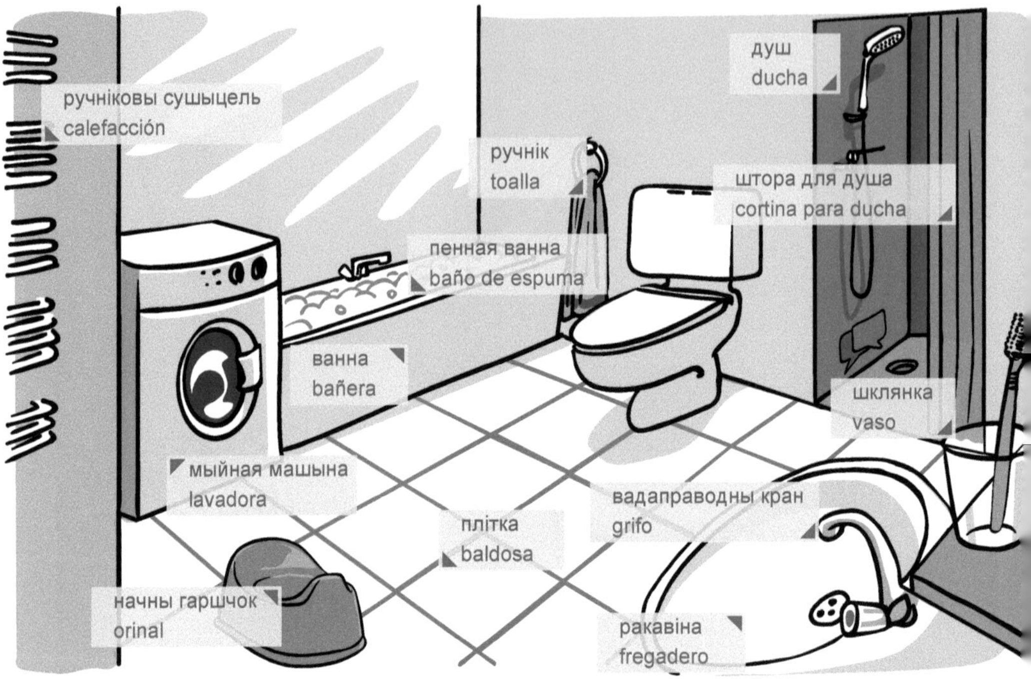

душ
ducha
ручніковы сушыцель
calefacción
ручнік
toalla
штора для душа
cortina para ducha
пенная ванна
baño de espuma
ванна
bañera
шклянка
vaso
мыйная машына
lavadora
вадаправодны кран
grifo
плітка
baldosa
начны гаршчок
orinal
ракавіна
fregadero

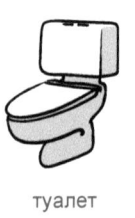

туалет

cuarto de baño

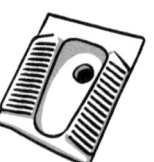

падлогавы ўнітаз

placa turca

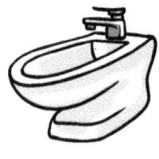

бідэ

bidé

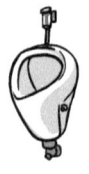

пісуар

urinario

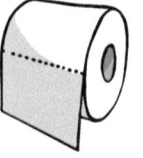

туалетная папера

papel higiénico

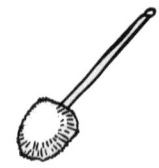

шчотка для чысткі ўнітаза

escobilla para el cuarto de baño

зубная шчотка

cepillo de dientes

зубная паста

pasta dentífrica

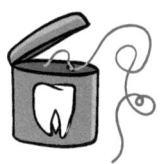

зубная нітка

seda dental

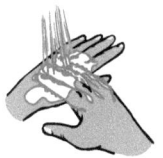

мыць

lavar

ручны душ

ducha teléfono

інтымны душ

ducha higiénica

умывальнік

cuenco

шчотка для спіны

cepillo para la espalda

мыла

jabón

гель для душа

gel de ducha

шампунь

champú

вяхотка

manopla para baño

вадасцёк

desagüe

крэм

crema

дэзадарант

desodorante

люстэрка

espejo

касметычнае люстэрка

espejo de maquillaje

станок для галення

máquina de afeitar

пена для галення

espuma de afeitar

ласьён пасля галення

loción para después del afeitado

грэбень

peine

шчотка

cepillo

фен

secador para cabello

лак для валасоў

laca de peinado

касметыка

maquillaje

памада

lápiz labial

лак для пазногцяў

laca para uñas

вата

algodón

манікюрныя нажніцы

tijera para uñas

духі

perfume

касметычка
neceser

табурэтка
taburete

вагі
balanza

лазневы халат
bata de baño

санітарныя пальчаткі
guantes de goma

тампон
tampón

гігіенічныя пракладкі
compresa

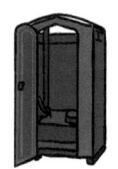

біятуалет
wáter químico

дзіцячы пакой

cuarto de los niños

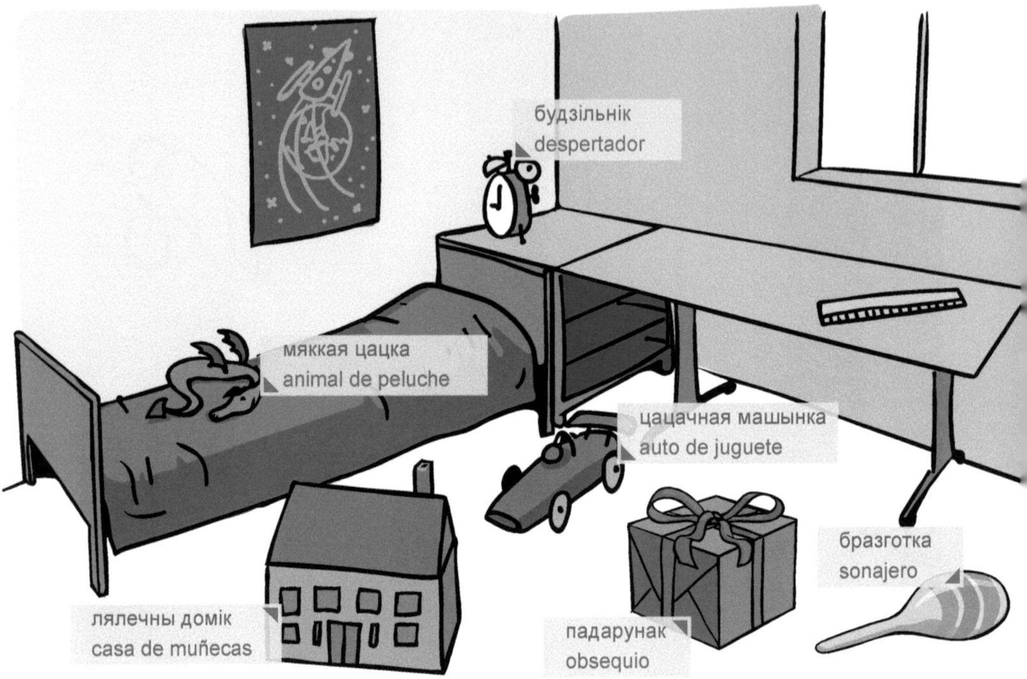

будзільнік
despertador
мяккая цацка
animal de peluche
цацачная машынка
auto de juguete
бразготка
sonajero
лялечны домік
casa de muñecas
падарунак
obsequio

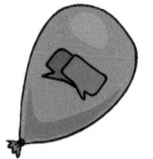

надзіманы шарык

globo

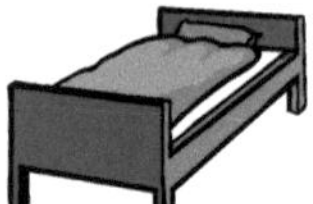

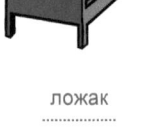

ложак

cama

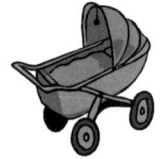

дзіцячая каляска

cochecito para niños

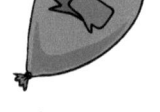

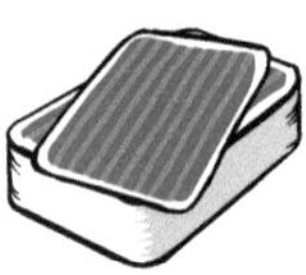

калода картаў

juego de barajas

пазл

rompecabezas

SUPER
MEGA

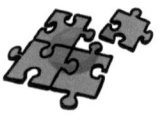

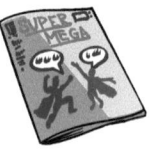

комікс

cómic

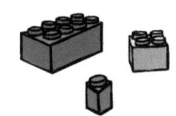

канструктар "Лега"

piezas de Lego

канструктар

bloques para jugar

экшэн-фігурка

figura de acción

дзіцячы гарнітур

pijama de una pieza

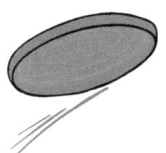

фрызбі

frisbee

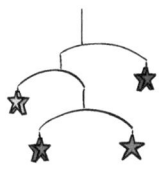

дзіцячы мабіль

móvil

настольная гульня

juego de mesa

кубік

dado

дзіцячая чыгунка

tren eléctrico a escala

пустышка

chupete

дзіцячае свята

fiesta

кніга з малюнкамі

libro de dibujos

мячык

pelota

лялька

títere

гуляцца

jugar

пясочніца

arenero

арэлі

columpio

цацкі

juguetes

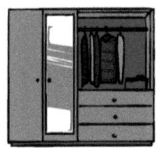

гульнявая відэа прыстаўка

consola de videojuego

трохколавы ровар

triciclo

плюшавы мішка

osito de peluche

шафа

guardarropa

адзенне

vestimenta

шкарпэткі

calcetines

панчохі

medias

калготкі

panti

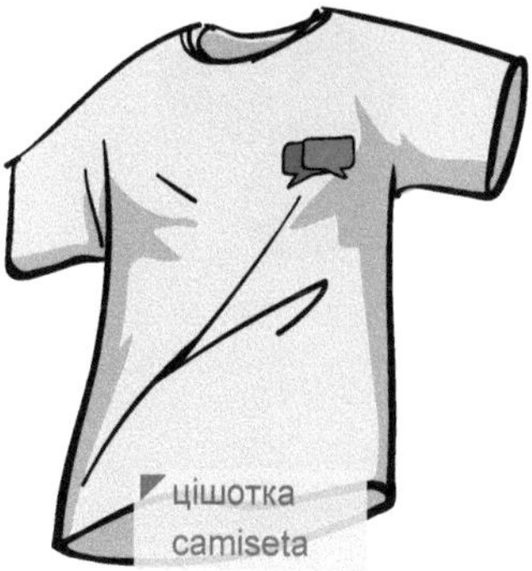

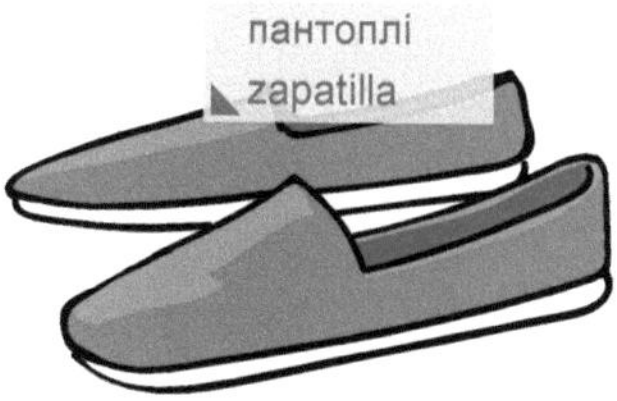

шалік
chal

рамень
cinturón

парасон
paraguas

цішотка
camiseta

красоўкі
deportivas

боты
botas

пантоплі
zapatilla

сандалі
sandalias

абутак
zapatos

гумовыя боты
botas de goma

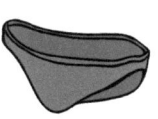

трусы
ropa interior

бюстгальтар
corpiño

майка
camiseta

бодзі

body

штаны

pantalón

джынсы

jeans

спадніца

falda

блузка

blusa

кашуля

camisa

джэмпер

pullover

талстоўка

sweater

блэйзер

blazer

куртка

chaqueta

паліто

abrigo

дажджавік

impermeable

касцюм

traje chaqueta

сукенка

vestido

вясельная сукенка

vestido de bodas

касцюм

traje

начная сарочка

camisón

піжама

pijama

сары

sari

хустка

pañuelo de cabeza

цюрбан

turbante

паранджа

burka

каптан

caftán

Абая

abaya

купальнік

traje de baño

плаўкі

bañador

шорты

shorts

спартыўны касцюм

chándal

фартух

delantal

пальчаткі

guante

гузік
botón

акуляры
gafa

бранзалет
brazalete

каралі
cadena

кальцо
anillo

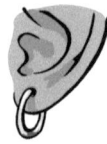

завушніца
aro

кепка
gorra

вешалка
percha

капялюш
sombrero

гальштук
corbata

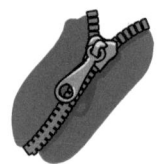

маланка
cierre a cremallera

шлем
casco

падцяжкі
tiradores

школьная форма
uniforme escolar

уніформа
uniforme

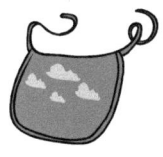

нагруднік

babero

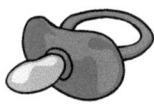

пустышка

chupete

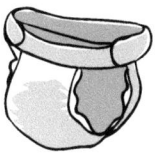

падгузнік

pañal

офіс

oficina

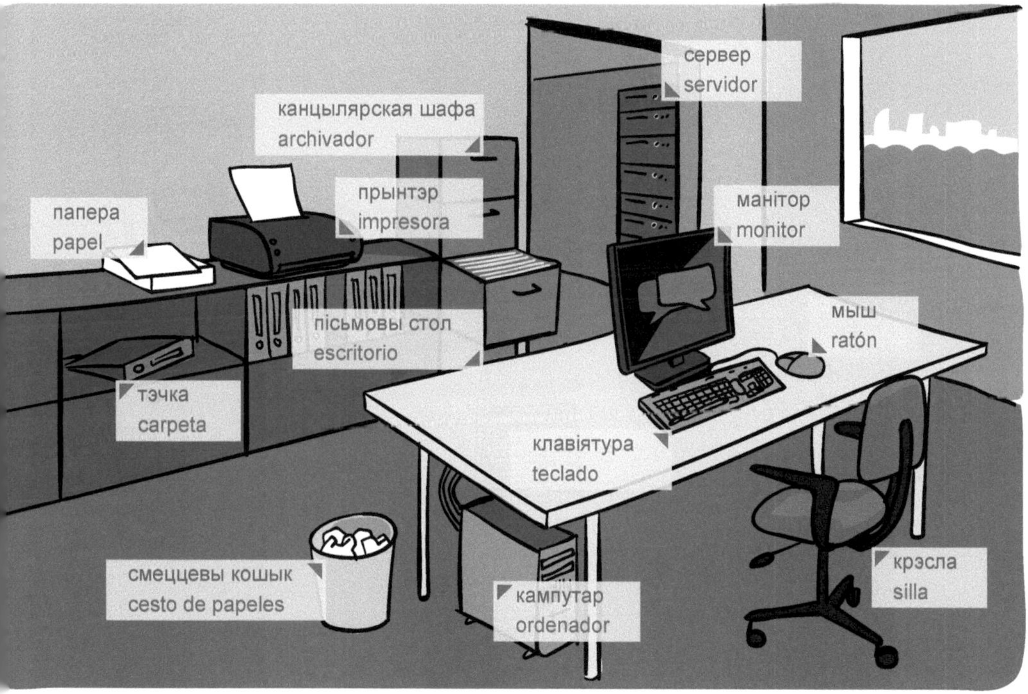
сервер
servidor
канцылярская шафа
archivador
прынтэр
impresora
папера
papel
манітор
monitor
пісьмовы стол
escritorio
мыш
ratón
тэчка
carpeta
клавіятура
teclado
смеццевы кошык
cesto de papeles
кампутар
ordenador
крэсла
silla

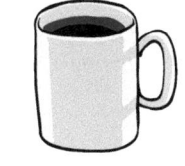

убак для кавы (філіжанка)

taza de café

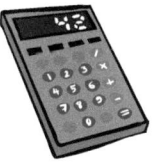

калькулятар

calculadora

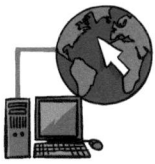

інтэрнэт

internet

ноўтбук

laptop

ліст

carta

паведамленне

mensaje

мабільны тэлефон

teléfono móvil

сетка

red

ксеракс

fotocopiadora

праграмнае забеспячэнне

software

тэлефон

teléfono

разетка

tomacorriente

факс

máquina de fax

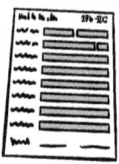

фармуляр

formulario

дакумент

documento

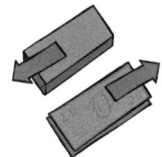

купляць

comprar

плаціць

pagar

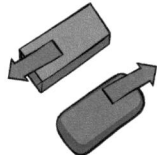

гандляваць

comerciar

грошы

dinero

 USD

долар

dólar

 EUR

еўра

euro

 JPY

ена

yen

 RUB

рубель

rublo

 CHF

франк

franco

 CNY

кітайскі юань

renminbi

 INR

рупія

rupia

банкамат

cajero automático

абменны пункт

casa de cambio

золата

oro

срэбра

plata

нафта

petróleo

энергія

energía

цана

precio

кантракт

contrato

падатак

impuesto

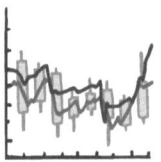

акцыя

acción

працаваць

trabajar

служачы

empleado

працадаўца

empleador

фабрыка

fábrica

крама

negocio

прафесіі
ocupaciones

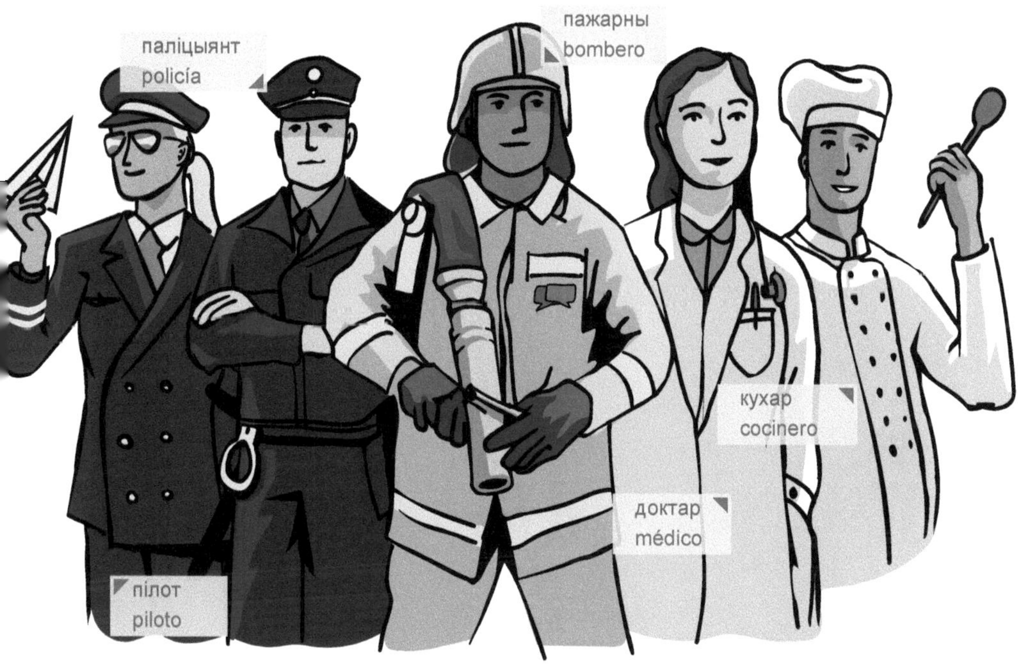

паліцыянт
policía
пажарны
bombero
кухар
cocinero
доктар
médico
пілот
piloto

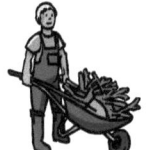

садоўнік

jardinero

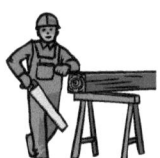

слесар

carpintero

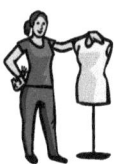

швачка

costurera

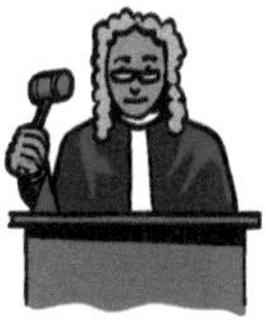

суддзя

juez

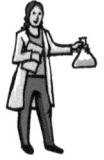

хімік

químico

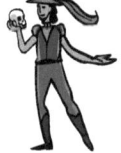

артыст

actor

кіроўца аўтобуса

conductor de autobús

таксіст

taxista

рыбак

pescador

прыбіральшчыца

mujer de la limpieza

страхар

techista

афіцыянт

camarero

паляўнічы

cazador

мастак

pintor

пекар

panadero

электрык

electricista

будаўнік

albañil

інжынер

ingeniero

мяснік

carnicero

сантэхнік

fontanero

паштальён

cartero

салдат

soldado

архітэктар

arquitecto

касір

cajero

фларыст

florista

цырульнік

peluquero

кандуктар

cobrador

механік

mecánico

капітан

capitán

стаматолаг

odontólogo

вучоны

científico

рабін

rabino

імам

imam

манах

monje

святар

párroco

інструменты
herramientas

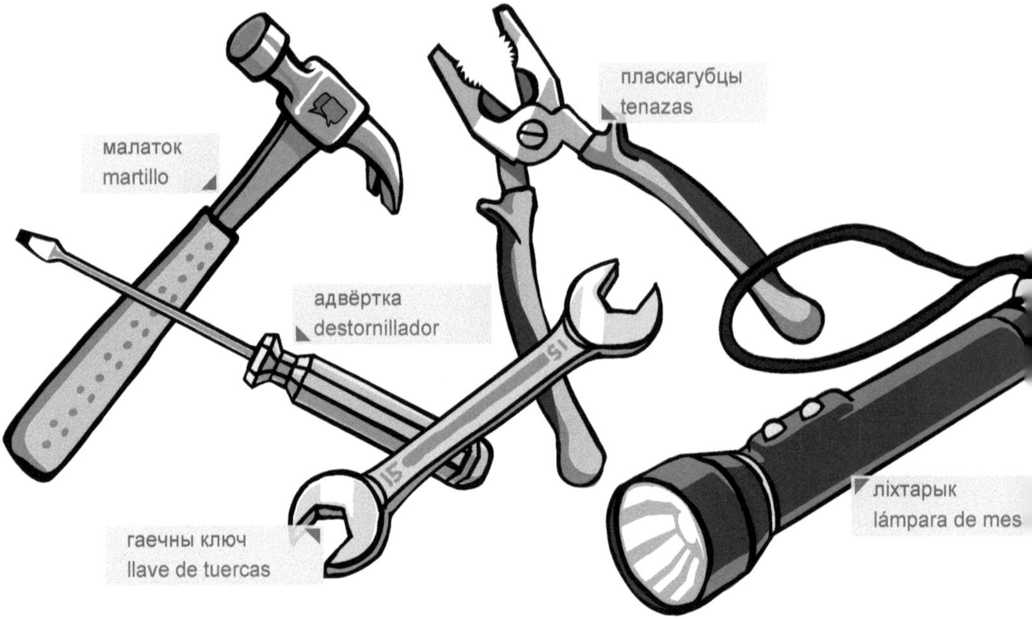
малаток
martillo
пласкагубцы
tenazas
адвёртка
destornillador
гаечны ключ
llave de tuercas
ліхтарык
lámpara de mes

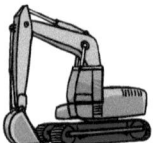

экскаватар

excavadora

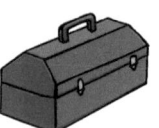

скрыня для інструментаў

caja de herramientas

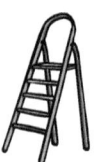

дравіны

escalerilla

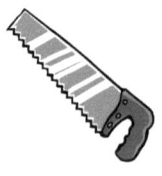

піла

serrucho

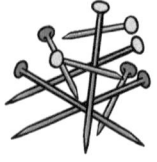

цвікі

clavos

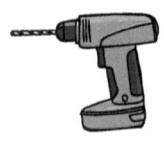

дрыль

taladro

рамантаваць

reparar

рыдлеўка

pala

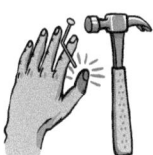

Халера!

¡Maldición!

шуфлік для смецця

recogedor

вядро з фарбаю

lata de pintura

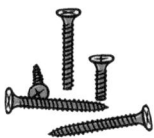

балты

tornillos

музычныя інструменты
instrumentos musicales

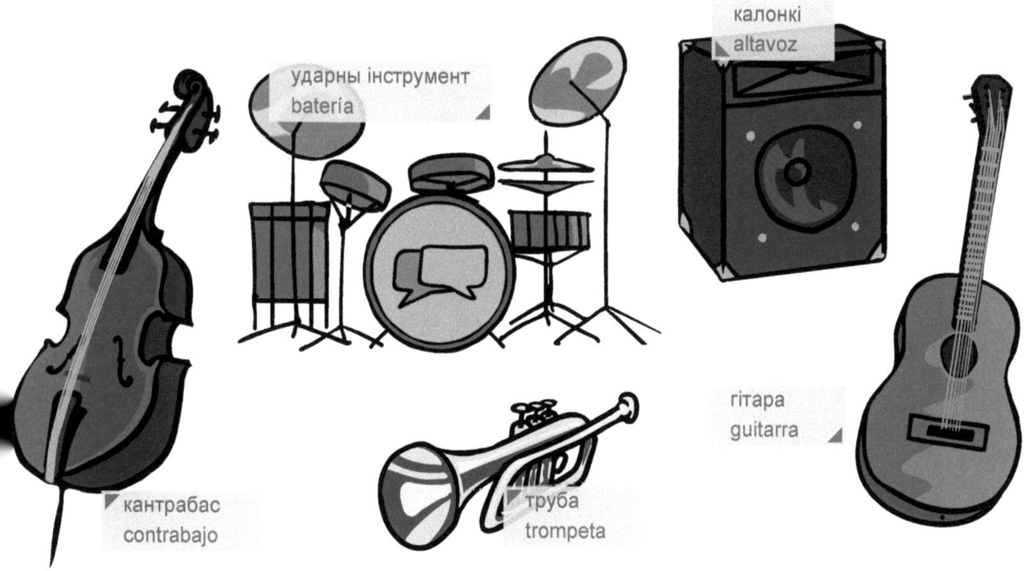

ударны інструмент
batería

калонкі
altavoz

гітара
guitarra

кантрабас
contrabajo

труба
trompeta

піяніна

piano

скрыпка

violín

басгітара

bajo

літаўры

timbales

барабан

tambor

клавішны электрамузычны
інструмент

teclado

саксафон

saxofón

флейта

flauta

мікрафон

micrófono

заапарк
zoológico

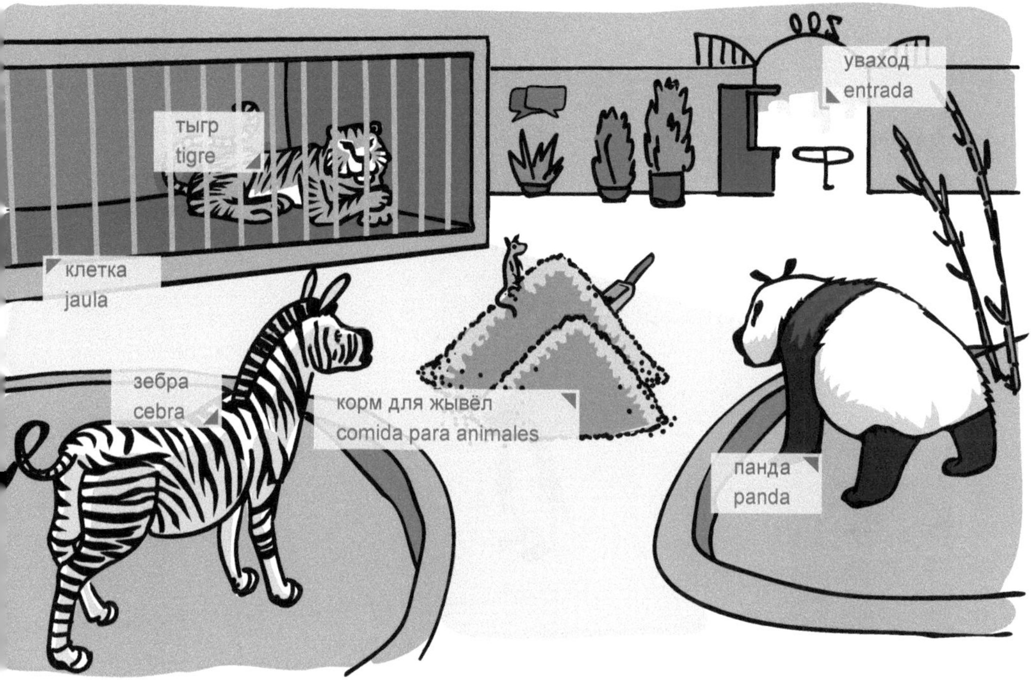
уваход
entrada
тыгр
tigre
клетка
jaula
зебра
cebra
корм для жывёл
comida para animales
панда
panda

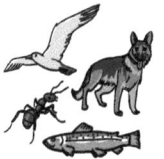

жывёлы

animales

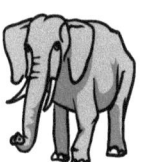

слон

elefante

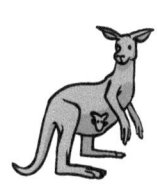

кенгуру

canguro

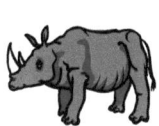

насарог

rinoceronte

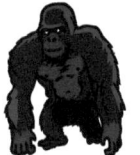

гарыла

gorila

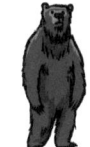

мядзведзь

oso

вярблюд

camello

стравус

avestruz

леў

león

малпа

mono

фламінга

flamengo

папугай

papagayo

белы мядзведзь

oso polar

пінгвін

pingüino

акула

tiburón

паўлін

pavo real

змяя

serpiente

кракадзіл

cocodrilo

наглядчык заапарка

cuidador del zoológico

цюлень

foca

ягуар

jaguar

поні

pony

леапард

leopardo

бегемот

hipopótamo

жыраф

jirafa

арол

águila

дзік

jabalí

рыбак

pescado

чарапаха

tortuga

морж

morsa

ліса

zorro

газель

gacela

амерыканскі футбол
fútbol americano

веласпорт
ciclismo

тэніс
tenis

баскетбол
baloncesto

плаванне
natación

хакей з шайбай
hockey sobre hielo

бокс
boxeo

футбол
fútbol

бадмінтон
badminton

лёгкая атлетыка
atletismo

гандбол
balonmano

горныя лыжы
esquí

пола
polo

дзейнасць

actividades

скакаць
saltar
абдымаць
abrazar
смяяцца
reír
ісці
caminar
спяваць
cantar
марыць
soñar
маліцца
rezar
цалаваць
besar

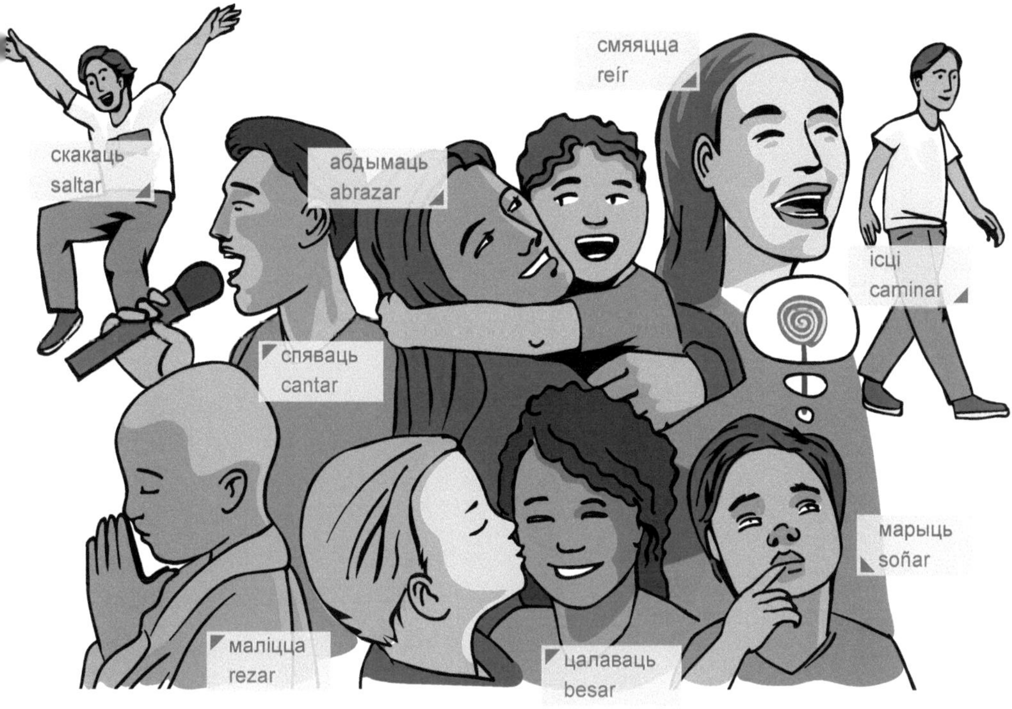

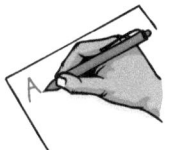

пісаць

escribir

маляваць

dibujar

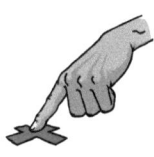

паказваць

mostrar

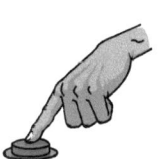

націснуць

presionar

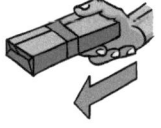

даваць

dar

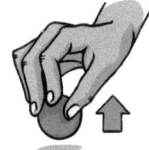

браць

tomar

мець

tener

выконваць

hacer

быць

ser

стаяць

estar de pie

бегчы

correr

цягнуць

tirar

кідаць

arrojar

падаць

caer

ляжаць

estar acostado

чакаць

esperar

насіць

llevar

сядзець

estar sentado

апранацца

vestirse

спаць

dormir

прачынацца

despertar

глядзець

mirar

плакаць

llorar

лашчыць

acariciar

прычэсвацца

peinarse

гаварыць

conversar

разумець

entender

пытаць

preguntar

чуць

oír

піць

beber

есці

comer

прыбіраць

asear

кахаць

amar

гатаваць

cocinar

ехаць

conducir

лятаць

volar

плаваць пад ветразем

navegar

лічыць

calcular

чытаць

leer

вучыць

aprender

працаваць

trabajar

уступаць у шлюб

casarse

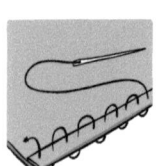

шыць

coser

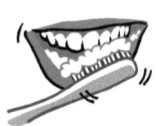

чысціць зубы

limpiarse los dientes

забіваць

matar

курыць

fumar

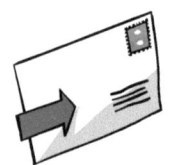

пасылаць

enviar

сям'я

familia

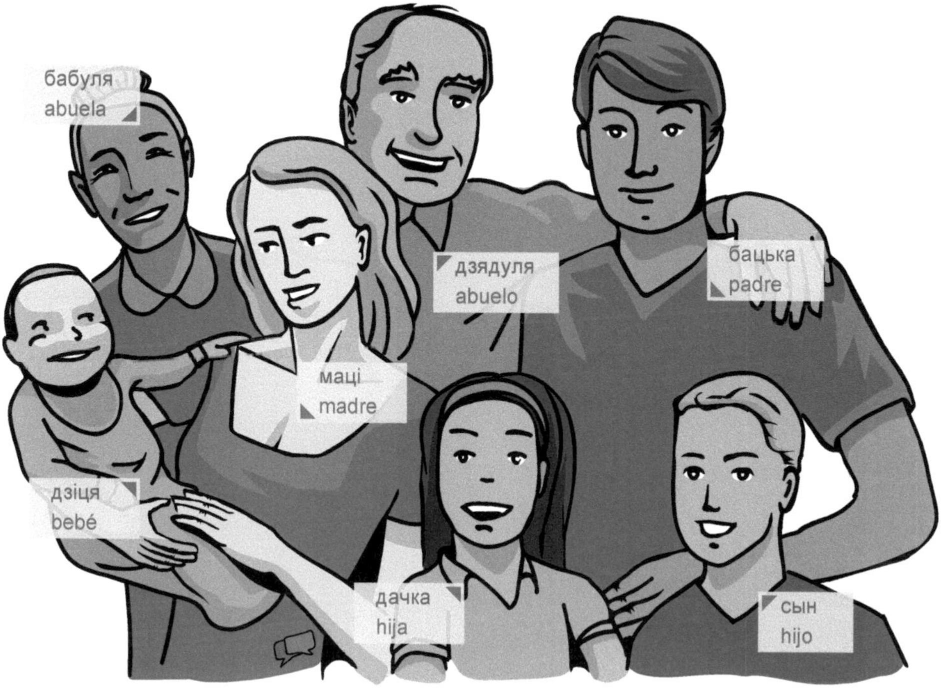
бабуля
abuela
дзядуля
abuelo
бацька
padre
маці
madre
дзіця
bebé
дачка
hija
сын
hijo

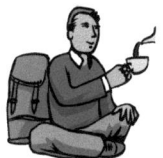

госць
invitado

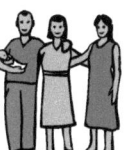

цётка
tía

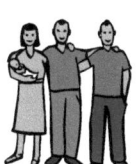

дзядзька
tío

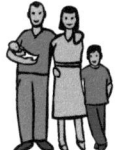

брат
hermano

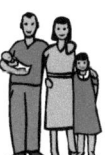

сястра
hermana

цела

cuerpo

лоб
frente
вока
ojo
плячо
hombro
палец
dedo
твар
cara
падбародак
barbilla
рука
mano
нага
pierna
грудзі
pecho
рука
brazo

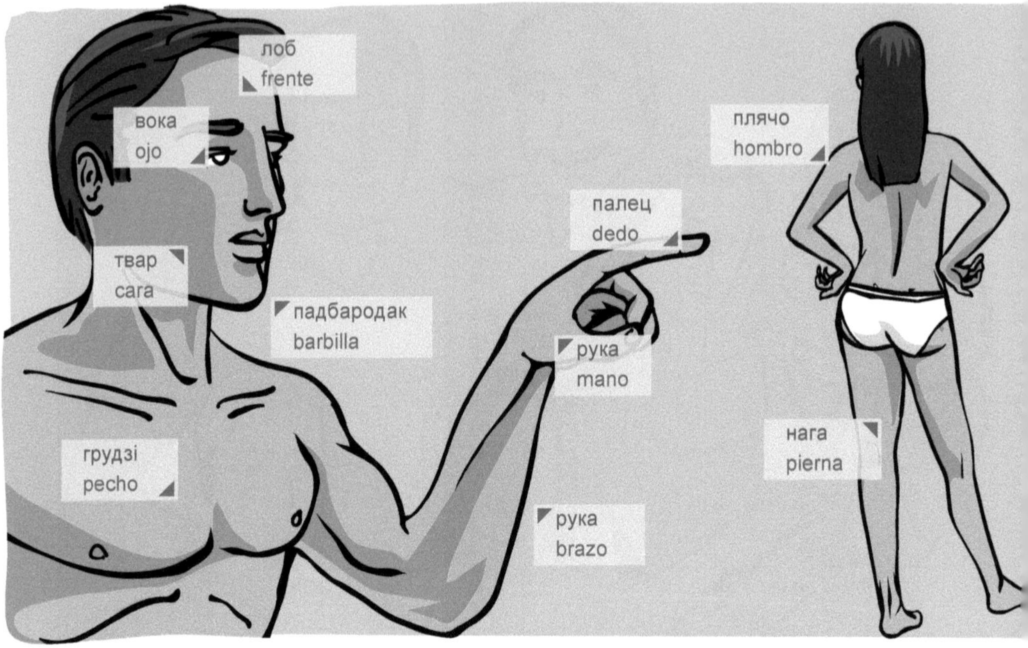

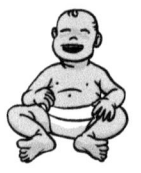

дзіця
bebé

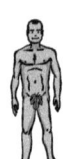

мужчына
hombre

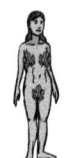

жанчына
mujer

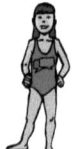

дзяўчынка
muchacha

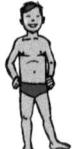

хлопчык
joven

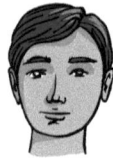

галава
cabeza

спіна

espalda

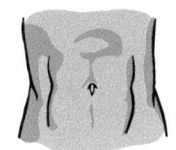

жывот

vientre

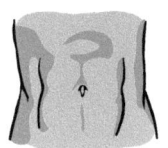

пуп

ombligo

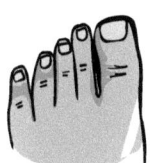

палец нагі

dedo del pie

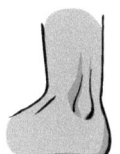

пятка

talón

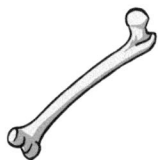

костка

hueso

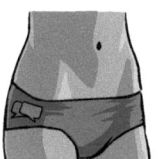

бядро

cadera

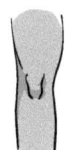

калена

rodilla

локаць

codo

нос

nariz

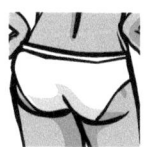

ягадзіца

trasero

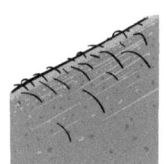

скура

piel

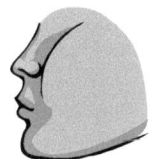

шчака

mejilla

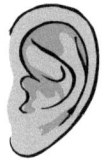

вуха

oreja

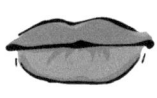

губа

labio

рот

boca

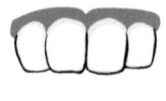

зуб

diente

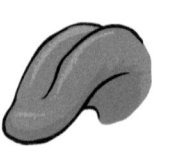

язык

lengua

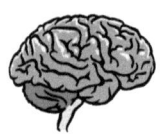

галаўны мозг

cerebro

сэрца

corazón

мышца

músculo

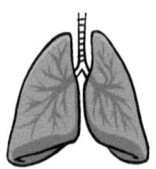

лёгкае

pulmón

пячонка

hígado

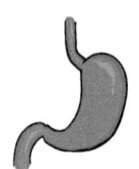

страўнік

estómago

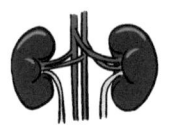

ныркі

riñones

сэкс

relación sexual

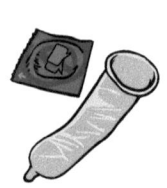

прэзерватыў

condón

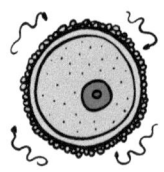

яйцаклетка

Óvulo

сперма

esperma

цяжарнасць

embarazo

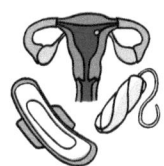

менструацыя

menstruación

похва

vagina

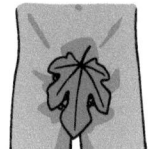

пеніс

pene

брыво

ceja

валасы

cabello

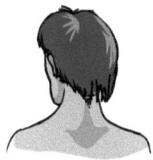

шыя

cuello

шпіталь
hospital

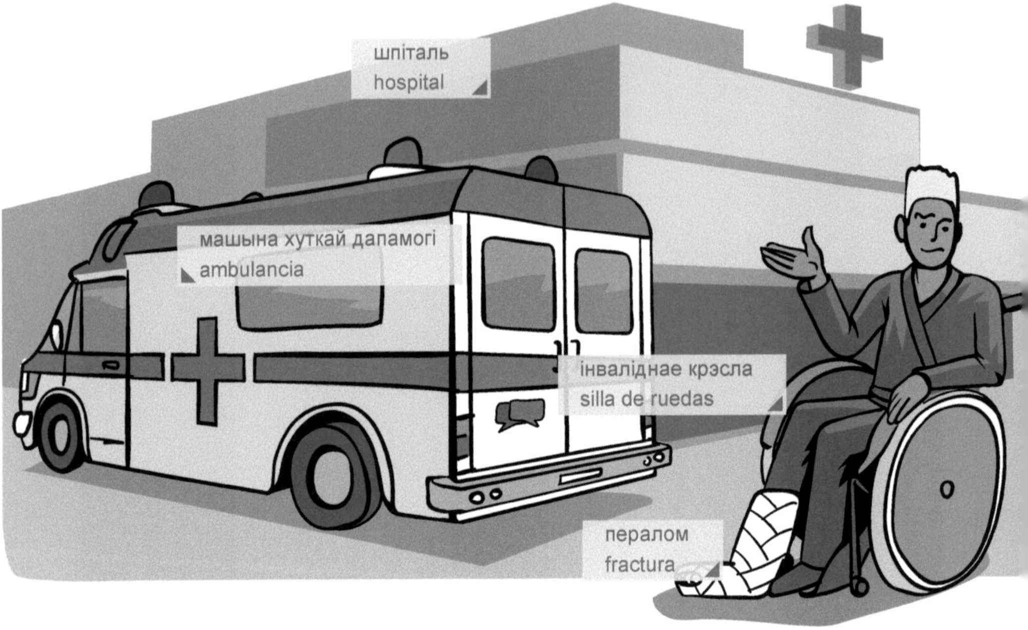

машына хуткай дапамогі
ambulancia

інвалиднае крэсла
silla de ruedas

пералом
fractura

доктар

médico

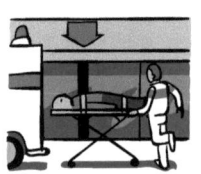

аддзяленне першай дапамогі

admisión de urgencia

медсястра

enfermera

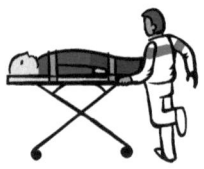

экстраная дапамога

emergencia

непрытомны

inconsciente

боль

dolor

траўма

lesión

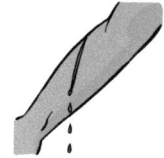

крывацёк

hemorragia

інфаркт

infarto de miocardio

апаплексія

apoplejía cerebral

алергія

alergia

кашаль

tos

гарачка

fiebre

грып

gripe

панос

diarrea

галаўны боль

dolor de cabeza

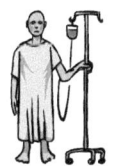

рак

cáncer

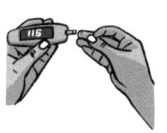

дыябет

diabetes

хірург

cirujano

скальпель

escalpelo

аперацыя

operación

КТ

TC

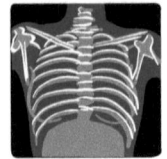

рэнтген

rayos X

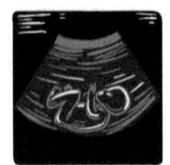

ультрагук

ultrasonido

маска

máscara

хвароба

enfermedad

пачакальня

sala de espera

мыліца

muleta

пластыр

emplasto

бінт

vendaje

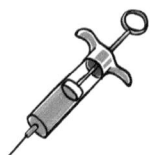

ін'екцыя

inyección

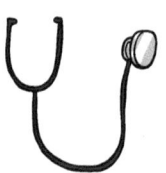

стэтаскоп

estetoscopio

насілкі

camilla

градуснік

termómetro

нараджэнне

nacimiento

лішняя вага

sobrepeso

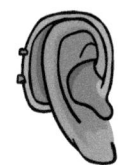

слухавы апарат

audífono

дэзінфекцыйны сродак

desinfectante

інфекцыя

infección

вірус

virus

ВІЧ/СНІД

VIH / SIDA

лекі

medicina

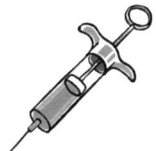

прышчэпка

vacunación

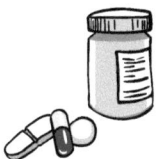

таблеткі

comprimido

супрацьзачаткавая
таблетка

píldora anticonceptiva

экстраны выклік

llamada de emergencia

танометр

medidor de presión arterial

хворы / здаровы

enfermo / saludable

Ратуйце!

¡Ayuda!

сігналізацыя

alarma

напад

asalto

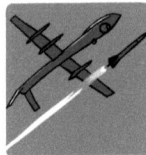

атака

ataque

небяспека

peligro

аварыйны выхад

salida de emergencia

Пажар!

¡Fuego!

вогнетушыцель

extintor

аварыя

accidente

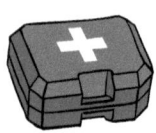

аптэчка

kit de primeros auxilios

СОС

SOS

паліцыя

Policía

Еўропа

Europa

Паўночная Амерыка

América del Norte

Паўднёвая Амерыка

América del Sur

Афрыка

África

Азія

Asia

Аўстралія

Australia

Атлантычны акіян

Atlántico

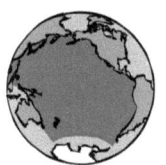

Ціхі акіян

Pacífico

Індыйскі акіян

Océano Índico

Паўднёвы ледавіты акіян

Océano Antártico

Паўночны ледавіты акіян

Océano Ártico

Паўночны полюс

Polo Norte

Паўднёвы полюс

Polo Sur

Антарктыда

Antártida

Зямля

Tierra

краіна

país

мора

mar

востраў

isla

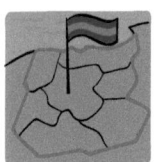

нацыя

nación

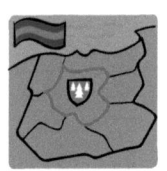

дзяржава

Estado

цыферблат

cuadrante

гадзінная стрэлка

horario

хвілінная стрэлка

minutero

секундная стрэлка

segundero

Колькі часу?

¿Qué hora es?

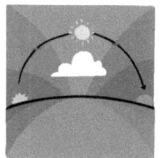

дзень

día

час

tiempo

зараз

ahora

электронны гадзіннік

reloj digital

хвіліна

minuto

гадзіна

hora

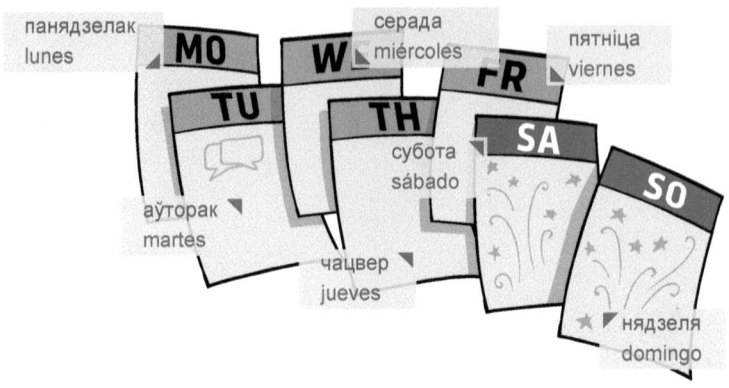

панядзелак
lunes

серада
miércoles

пятніца
viernes

аўторак
martes

чацвер
jueves

субота
sábado

нядзеля
domingo

ўчора

ayer

сёння

hoy

заўтра

mañana

раніца

mañana

абед

mediodía

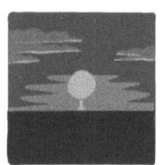

вечар

tarde

працоўныя дні

jornada de trabajo

выхадныя

fin de semana

год

año

дождж
lluvia
вясёлка
arco iris
снег
nieve
вецер
viento
вясна
primavera
восень
otoño
лета
verano
зіма
invierno

4.APRIL 11°
5.APRIL 4°
6.APRIL 13°
7.APRIL 8°
8.APRIL 10°

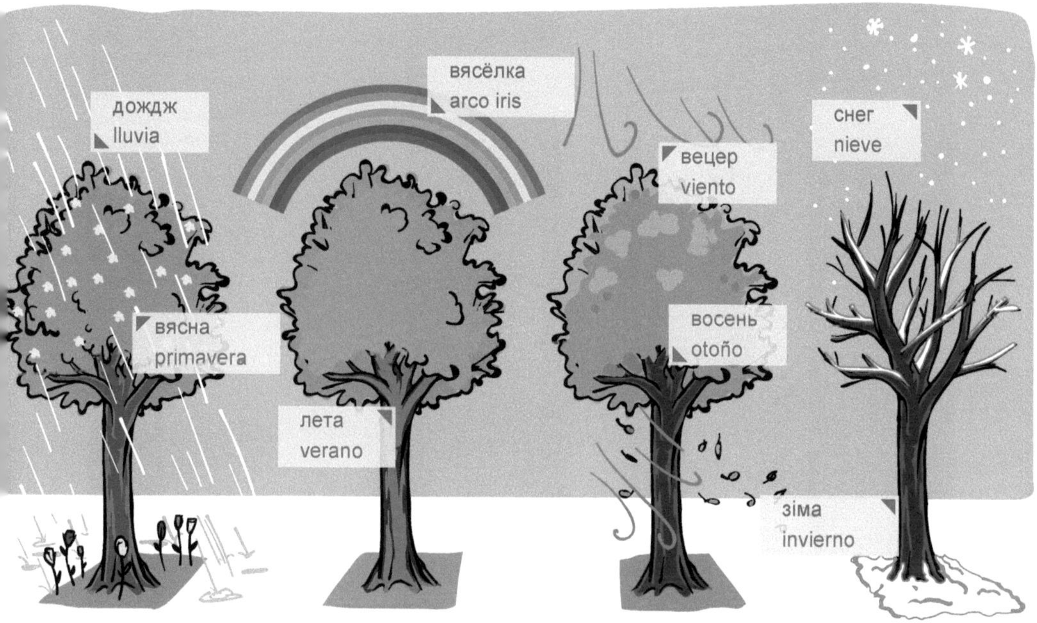

прагноз надвор'я

pronóstico meteorológico

F C
120 40
90 30
60 20
30 10
0 0
-30 -10
-20

градуснік

termómetro

сонечнае святло

luz solar

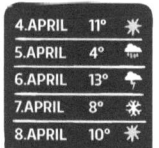

воблака

nube

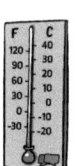

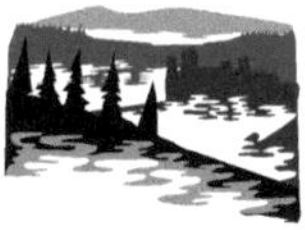

туман

niebla

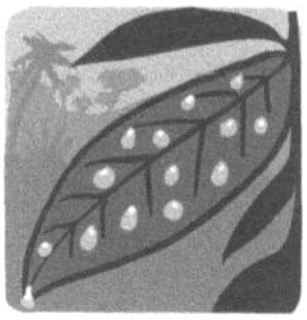

вільготнасць паветра

humedad ambiente

маланка

relámpago

гром

trueno

бура

tormenta

град

granizo

мусонны вецер

monzón

прыліў

inundación

лёд

hielo

студзень

enero

люты

febrero

сакавік

marzo

красавік

abril

май

mayo

чэрвень

junio

ліпень

julio

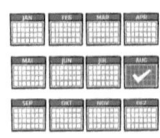

жнівень

agosto

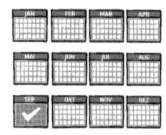

верасень

septiembre

кастрычнік

octubre

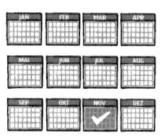

лістапад

noviembre

снежань

diciembre

формы

formas

круг

círculo

квадрат

cuadrado

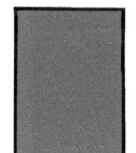

прамавугольнік

rectángulo

трохвугольнік

triángulo

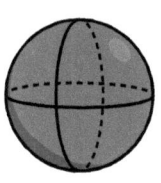

шар

esfera

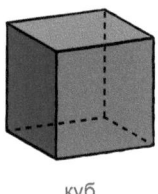

куб

cubo

белы

blanco

жоўты

amarillo

аранжавы

anaranjado

ружовы

rosa

чырвоны

rojo

фіялетавы

lila

сіні

azul

зялёны

verde

карычневы

marrón

шэры

gris

чорны

negro

шмат / мала

mucho / poco

злы / добры

enojado / calmado

прыгожы / брыдкі

bonito / feo

пачатак / канец

comienzo / fin

высокі / малы

grande / pequeño

светлы / цёмны

claro / oscuro

сястра / брат

hermano / hermana

чысты / брудны

limpio / sucio

поўны / няпоўны

completo / incompleto

дзень / ноч

día / noche

мёртвы / жывы

muerto / vivo

шырокі / вузкі

ancho / angosto

ядомы / неядомы

disfrutable / no disfrutable

злы / добры

malo / amigable

узбуджаны / нудны

excitado / aburrido

тоўсты / тонкі

gordo / delgado

першы / апошні

primero / último

сябар / вораг

amigo / enemigo

поўны / пусты

lleno / vacío

цвёрды / мяккі

duro / suave

важкі / лёгкі

pesado / liviano

голад / смага

hambre / sed

хворы / здаровы

enfermo / saludable

нелегальны / легальны

ilegal / legal

разумны / дурны

inteligente / tonto

левы / правы

izquierda / derecha

побач / далёка

cercano / lejano

новы / былы ва ўжыванні

nuevo / usado

нічога / нешта

nada / algo

стары / малады

viejo / joven

укл / выкл

encendido / apagado

адчынены / зачынены

abierto / cerrado

ціхі / гучны

bajo / fuerte

багаты / бедны

rico / pobre

правільна / няправільна

correcto / incorrecto

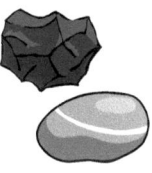

шурпаты / гладкі

áspero / liso

сумны / шчаслівы

triste / alegre

кароткі / доўгі

breve / extenso

павольны / хуткі

lento / veloz

вільготны / сухі

mojado / seco

цёплы / халаднаваты

caliente / frío

вайна / мір

guerra / paz

0

нуль

cero

1

адзін

uno

2

два

dos

3

тры

tres

4

чатыры

cuatro

5

пяць

cinco

6

шэсць

seis

7

сем

siete

8

восем

ocho

9

дзевяць

nueve

10

дзесяць

diez

11

адзінаццаць

once

12

дванаццаць

doce

13

трынаццаць

trece

14

чатырнаццаць

catorce

15

пятнаццаць

quince

16

шаснаццаць

dieciséis

17

сямнаццаць

diecisiete

18

васямнаццаць

dieciocho

19

дзевятнаццаць

diecinueve

20

дваццаць

veinte

100

сто

cien

1.000

тысяча

mil

1.000.000

мільён

millón

англійская

inglés

англійская (Амерыка)

inglés estadounidense

кітайская мандарынская

chino mandarín

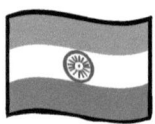

хіндзі

hindi

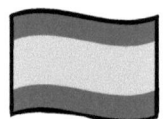

іспанская

español

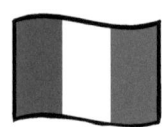

французская

francés

арабская

árabe

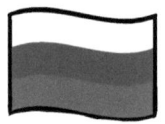

руская

ruso

партугальская

portugués

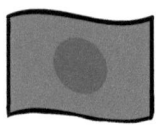

бенгальская

bengalí

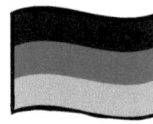

нямецкая

alemán

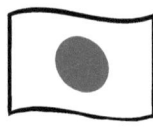

японская

japonés

я

yo

ты

tú

ён / яна / яно

él / ella

мы

nosotros

вы

vosotros

яны

ellos

хто?

¿quién?

што?

¿qué?

як?

¿cómo?

дзе?

¿dónde?

калі?

¿cuándo?

HELLO, I AM

імя

nombre

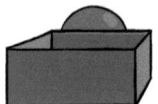

за
....
detrás

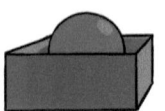

у
....
en

перад
....
delante de

над
....
encima de

на
....
sobre

пад
....
debajo de

каля
....
junto a

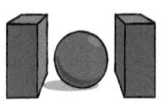

паміж
....
entre

месца
....
lugar